Werner Specht
wie schön ein Jahr zu spüren

VERLAG TOBIAS DANNHEIMER KEMPTEN

Die Deutsche Bibliothek – CIP-Einheitsaufnahme

Specht, Werner:
Wie schön ein Jahr zu spüren / Werner Specht. – 3. Aufl. – Kempten:
Dannheimer, 1999
　ISBN 3-88881-033-7

© 1999 Werner Specht, Lindenberg
Verlag Tobias Dannheimer GmbH, Kempten
ISBN 3-88881-033-7
Alle Rechte vorbehalten

3. Auflage 1999
Gestaltung: Werner Specht
Druck:　　 Buchdruckerei Holzer · Weiler im Allgäu

Umwelthinweis: Dieses Buch und der Schutzumschlag wurden auf
chlorfrei gebleichtem Papier gedruckt. Die Einschrumpffolie (zum Schutz vor
Verschmutzung) ist aus umweltschonender und recyclingfähiger PE-Folie.

Dr Fade	9	's Scha'nierle	48
D'Huimat im Friehlingshäs	12	Nimm mi mit	52
Schtilla Winkl	14	Diaf in mir dinna	55
Dahui bliebe	18	Diaf im Herbscht	59
Gedanke	22	Du hosch Di vrändret	63
's Hisle	26	Allgäu	65
Dr Hof	30	Iisbluma	66
Krank	33	's Johr vrgoht	76
As g'hört doch is allna	34	Dia erschte Drei	80
I wett hui	36	D' Burg	83
Schtille Schtunda	41	Er isch bei Dir	84

In einem kleinen Teil des Bayerischen Allgäus, "dem Westallgäu", bin ich zuhause. Ich empfinde viel für diese Landschaft und darum versuche ich, Dinge, dir mir wertvoll sind, in Bildern und Liedern festzuhalten.

Beobachtungen, Kleinigkeiten, unscheinbare Dinge am Weg sind Anregung und Inhalt für meine Arbeiten.

Die vielen Stunden beim Zeichnen und Malen, die damit verbundenen tiefen Eindrücke, das ständige Suchen und in mir Aufnehmen haben meinem Leben einen Inhalt gegeben, ohne den ich nicht mehr sein möchte.

Wenn dieses Buch dazu beiträgt, vieles bewußter zu sehen, also „ein Jahr zu spüren", so hat es seinen Sinn erfüllt.

Werner Specht

Frühlingserwachen

Ostersonntag

Dr Fade

Dr Zoigr louft und d' Schtunda flieget,
dr Dag dr Monat 's Johr, –
uis zieaht dem andre hinda her,
uis louft dem andre vor.

Und i dem Kroise vu de Zit
isch au di Leabe bunde, –
was i de Fäde gschpunne liegt
sind alles diene Schtunda.

An Augeblick und Ewigkoit
vrbunde mit deam Fade, –
a Geheimnis des ma Leabe hoisst
vu Liacht und Schatte trage.

Loss d' Gedanke wit vom Fade fliege
und di it traurig mache, –
gschpier 's Leabe diaf, nutz jede Schtund
zum Jungsei, Treime, Lache!

Wenn d' Farba sich vrfärbet
de Herbscht im Leabe schtoht, –
wenn um de Fade d' Neabl spinned
ganz schtill di Leabe goht.

"z'friede"

"im Schopf"

D' Huimat im Friehlingshäs

Wenn wie-dr warm die Su-nne schinnt und o-bre Blea-zle la-chet, wenn
d' Mä-rze-glö-ckle dunt im Diech schtill un-ter 'm Schnee vr-wa-chet.
Denn ischt as Frieh-ling, do gu-gget doch her, i
bi uff dr Hui-mat so wäh. I
mui, sie ma mi und i ma se oh gern, sus
wär se it so schä.

Wenn wiedr warm die Sunne schinnt
und obre Bleazle lachet,
wenn d' Märzeglöckle dunt im Diech
schtill unter 'm Schnee vrwachet.

Wenn 's Schtärle uf em Äschtle huckt
und d' Feaderle vrrupfet
und d' Hase uf dr Fealdr hind
reat luschtig ummanand hupfed.

Denn ischt as Friehling, do gugget doch her,
i bi uff dr Huimat so wäh.
I mui, sie ma mi und i ma se oh gern,
sus wär se it so schä.

Wenn d' Amsla döt am Hölzle hind
so luschtig Liedle singet
und Kua und Schump und Buuseler
wie närrsch im Feald rumschpringet.

Denn ischt as Friehling, do gugget doch her,
i bi uff dr Huimat so wäh.
I mui, sie ma mi und i ma se oh gern,
sus wär se it so schä.

Schtilla Winkl

Hintr am olte Schtadl
johrwies scho vrschteckt,
isch a schtilla Winkl,
i ho 'nen heit entdeckt.

Schpinneböbba ibrziehnet
a Deichsl vu am Karre.
Fascht scho zudeckt hinda da
schpitzlet russ a Pfanne.

Wie riebig isch des Bleazle,
d' Johr gond dra vrbei
und alls kutt zum funkle,
schinnt d' Morgesunne nei.

Was soll denn do scho si,
an so am olte Eck?
Des ka ma blos empfinde, –
erkläre hot kuin Zweck!

As git doch numm viel Schtella,
wo ma alls loht wie 's schtoht,
die werret allat rarer
und viel vom Schäne goht.

Dät ma 's usserkehre,
des huimelige Eck, –
wär 's schänschte vu dem Winkl,
vu heit uf morge weg.

Bei Heimen

"Henneschtall"

Dahui bliebe

Alle ziaht as in fremd' Ländr –
ma blibt im Urlaub numma dahui,
z'billig isch an Usflug uf de Pfänder,
odr z'Fuß noch Hintrschtui.

I de Früh in 's Moos nuß gong,
wenn de Neabl uf 'm Bode kriecht,
durch die nasse Gräser loufe, –
am Moorsee 's Schilf im geale Licht.

Um is rum de Wald und d' Hiegl
lieget do im schänschte Grie,
i will it verroise, nui i will bliebe, –
fir mi kint 's niena schäner si.

Mit 'm Fahrrad uf am Feldweag fahre, –
schtill doschtong iber 'm Bodesee,
wenn z' Obet d' Sunne do dinna glitzret, –
des will i gschpiere, des isch schä!

Loss se rase, loss se roise,
die des it seahnet, die sind blind, –
as ka jo blos no schäner werre,
wenn die alle usswärts sind.

"bei dr Marie"

"Hof'm Schwiihof"

"denn isch as Friahling"

Gedanke

D' Wolka, d' Berg und d' Sunne
sind heid ganz vrschmiert,
ho mi Luage und Gedanke, –
des Bild im Kopf notiert.

I mecht in mir mitneahme
vom Summrdag a Schtuck,
diaf in mir mecht 'n hebe,
so denk i öfters z'ruck.

Gedankewealt in dir dahui,
Skizza fir di, fir di allui.

Dia schmale kluine Fealdweag
und d' Farba duß im Moos,
so vieles ho i gsammlet, –
i kumm numm devo los.

Dia Bluma det am Simse
oft aguckt bloß zum bsinne,
si hond mir ohne Wörter
so vieles sage kinne.

Gedankewealt in dir dahui,
Skizza fir di, fir di allui.

Wenn 's Kindrbild de Neabl schtroift
und d' Jugend ve de Zit vrblaßt,
sinds Gedanke dia fir di
des alls zu Bildr faßt.

Im Spiegl siesch wies Leabe wandret,
um is bliebt nix schtong,
Gedanke lond Erlebtes
in is witrgong.

Gedankewealt in dir dahui,
Skizza fir di, fir di allui.

Gedankewealt in dir dahui
Skizza fir di, fir di allui
Wenn das Papier auch schon vergilbt ist, die Zeichnung in Gedanken bleibt lebendig.

mein Vater

's Hisle

Duß am Holz, am Bihl, wo d' Sun-ne fröi am Mor-ge schinnt, schtoht a
far-ba isch as gschtri-che grie-ne Lä-de klea-bed dra, und isch

Hi-sle mit am Brun-ne, wie ma's net-ter ni-na findt. Him-ml-
d' Farb au scho vr-bli-che, nett gli

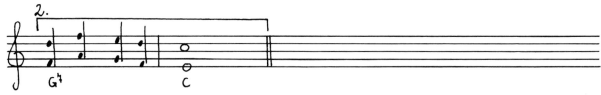

sieht ba 'm 's Wäh-si a.

Duß am Holz, am Bihl, wo d' Sunne
fröi am Morge schinnt,
schtoht a Hisle mit am Brunne,
wie ma 's netter nina findt.
Himmlfarba isch as gschtriche
griene Läde kleabed dra,
und isch d' Farb au scho vrbliche,
nett gli sieht ba 'm 's Wähsi a.

Nägele und Granar hanged
dick us alle Fenschtr rus
und a wilde Reabe langet
schier bis ibern Rave nus.
Rings i de Krisberbämmle
singet Amsla, Fink und Schtar,
alle singed nett des gliche,
„Jung si, des isch wunderbar!"

I dr Stube dinn im Hisle,
schtoht am Ofe 's Kanapee,
i sim Köfe singt a Ziisle,
a dr Dier schtoht K. M. B.
Und dia Bildr a de Wände
glitzred mit de Schieba z' wett,
und an Guggar hörscht, an fremde,
nett so oft as Schtunda schleitt.

Wenn i bloß i deanam Hisle
mit mim Mädle huse kinnt!
Z'friede wär i wie a Miisle,
wo im Kaschte d' Nudla findt.
Und mir wured dinna feschte,
Zöpfle miöstet her und Wi,
Aber – 's Hisle hot an Feahler,
dummerwies – as g'hört it mi!

Dämmerlicht in der Stube

Die Mittagssonne läßt den feuchten Boden dampfen. Ich habe es mir auf einem Baumstamm bequem gemacht. Der Geruch von nassem Holz, das Gluckern der Dachrinnen, Spätwinterstimmung.

Dr Hof

Sit olter Zit schtoht er det da
zwische de Obschtbämm an am Rui,
a bizle abseits hinda duss
am Weg da, ganz allui.

A Holdrbosche schtreckt sine Äscht
bis a de Känerrand
und untrhalb vom Schtarehus
luined a Holzbieg a de Wand.

's Weattr hot ibr etle Johr
Schindla und d' Läde gschtriche,
a gschtrube Husdier hanget schräg,
ve de Sunne d' Farb vrbliche.

Summrbluma boschewies
drucket bis a Schtiegeglendr
und hindr kluine Fenschtre
hanget Vorhäng mit gschtickt Rändr.

Am Brunne moosig bei de Uffahrt
gruabet 's Millgschirr i sim Schtand,
a Henn pickt us 'm Katzehafe,
Schtalerhäs trocknet a' de Wand.

Und undr de Schinde die andr Welt, –
wie ufgrummt flacket alls da,
Hagpfähl,␣Bease, Kälblesdrucke,
des was ma numm bruche ka.

S'sch wie a Bild, des Fleackle Welt,
ma kind's it schänr denke, –
doch musch scho selbr luage gong,
des ka ma dr it schenke.

Dorf am Abend				Blumen am Fenster

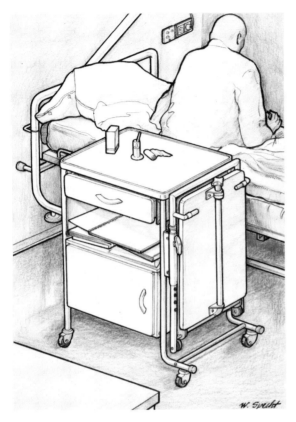 

Krank

Er ka us'm Bett sich numma riehre,
si Zimmr kennt er ganz genau,
uin Troscht, – er sieht durch 's Fenschtr
's Grie vu de Buggl, vom Himml 's Blau.

Er hanget dra mit schtille Freida,
sieht wie de Friehling kut und got,
wie Gräsr wachset, Bosche bliehet,
er kennt se guat, dia uf 'm Grot.

Wenn d' Vögl zwitschered und singet,
vu jedem kennt er gnau de Ton,
a' feschte voller Freid und Leabe,
wie duats ihm wohl, wie macht's ihn froh.

Nachts leichtet d' Schtern bei ihm durch d' Schiebe,
begleitet ihn uf siener Welterois. –
Wie kinnt ma doch viel vu ihm lerne,
sind mir doch uf dem glieche Glois.

As g'hört doch is allna

34

Dr Himml und d' Berg als isch so näh,
iberzoge mit Bluma die sunnige Rui, –
als dös g'hört is und so wemmer's b'halte,
denn a dem Fleackle, do sim'r dahui.

I draim vu am Burehus, dob i de Berg,
mit Wiesa und Wald, so ebbs sot'sch hong, –
ma kinnt dia wertvolle kluine Sacha g'schpiere,
do dädet d' Johr halt itt bloß so vrgong.

Am Hus do wett i an kluine Garte,
mit Rieba und Krutt und was as sus no alls git, –
as gäb kui Hudle, i kinnt alls verwaate,
i hätt alls und des Schänscht i hätt Zitt.

———— Dr Himml und d' Berg . . .

In ra Wiese liege, i de Himml gucke
und loose wia de Wind schpielt mit 'm Gras, –
des freie Leabe, des det mr gfalle
und kui Uhr kinnt mi zwinge; Due endlich was!

I dät mi gfreie bloß am Luage,
aabe ins Daal und hintre zum See, –
dia Gedankebilder nähm i mit in mi Hisle,
so wär i zfriede, – was wett i denn me.

So hob i's oft im Dromm vor mir gseah,
doch d' Wirklichkoit sieht anderscht uss, –
iberall werret d' Wiesa uffgrisse,
ma siaht afange vu luttr Hus numma nus!

As isch hechschte Zit, do ebbs zum due,
sunscht goht afange alles no hie!
As ghört doch is allna und so wemmers bhalte,
mir wend a dem Fleackle no länger si!

———— Dr Himml und d' Berg . . .

Dia schönschte Bläzle wo's bei is git,
kriaget dia mit dem moischte Kies, –
as g'hört jo is allna und so wemmers bhalte,
sus blibt am Schluß niats me fir is.

I wett hui

Guck vu mim Zim-mr i-br d' Schtadt und i denk fir mi : I wett jetzt wit a-weg si. Schtadt oh Schtadt, i ho so gnua, i will di num-ma seah, du kasch mr niets meh geah. Vo-g'l Vo-g'l i-ber 'm Feald, i sehn mi oft noch die-ner Wealt, so frei und schtill do do-ba schweabe, hald ui-fach bloß fir 's Lea-be leabe.

Guck vu mim Zimmr ibr d' Schtadt und i denk fir mi:
I wett jetzt wit aweg si.
Schtadt oh Schtadt, i ho so gnua, i will di numma seah,
du kasch mr niets meh geah.

Graue Hieser um mi rum und graue Lit,
kuiner hot fir diesan Zit.
Gedanke sind dahui und i frog mi, was hosch ghet,
ve deana Johr in fremde Schtädt?

Vog'l Vog'l iber 'm Feald,
i sehn mi oft noch diener Wealt,
so frei und schtill do doba schweabe,
hald uifach bloß fir 's Leabe leabe.

Wieder amol dahui gang i nus, an den Schtadl hindrem Hus,
hock uf a Holzbieg und guck de Kia zua,
dabb dean olte Fealdweag nab, bis zu dem große Schtui,
endlich, jetzt bisch dahui.

In Zwieslers Gumpe schpieglet se d' Wolka dunklgrie,
d' Luft schmeckt noch Hei i zieh 's in d' Näs ni,
kriag vom gucke ita gnua, diaf in mir dinn lot as it luck, –
i wett bald wieder do her zruck.

ich sitze da und male – der Hof erzählt mir seine Geschichte.

Sommerabend

Schtille Schtunda

Durch 's offne Schtubefenschtr
gschpier i de miade Dag, –
a letschte Amsl flöetet
vorduss am Gartehag.

Dr Puls in miener Schläfe
kut jetzt zu siener Ruah,
i hock hald uifach do –
mach d'Auge zu.

In meine schtille Schtunda
git as ebbas wo mi gfreit,
zum draime und zum gschpiere
an Hauch vu Ewigkoit.

Dia letschte Obedsunne
spiagled i de Fenschtrschiebe,
d'Nacht umklammered d'Wealt –
dr Dag ka numma bliebe.

Vor mir schtoht uf 'm Simse
im olte Hafe det,
an Ascht mit Hagebutta
vu am Dag wo i gern hät.

A Buch, Musik, Erinnerung
a gmiatlichs Eck fir mi,
an Kalender ohne Zahla –
a kluine Wealt fir di.

A Vollmondnacht im Januar –
de Himml volla Schterne,
do ka i so fir mi allui
fir 's Leabe – learne.

In meine schtille Schtunda
git as ebbas wo mi gfreit,
zum draime und zum gschpiere
an Hauch vu Ewigkoit.

Wintervogel

Wolken

Hinter die Dinge

Winterlicht

Stürmischer Herbsttag

Trüber Morgen

's Scha'nierle

As klemmt an iserm Kucheschrank
scho lang ebbs an am Dierle,
doch wie i 's repariere will,
do fehlt mr a Scha'nierle.

Do fallt mr i, im Dachbode
hintr dem grosse Pfoschte
waret amol a paar Scha'nier,
dia dädet au nix koschte.

I gang glei nuf, fang 's suche a
in Schublada und Babierle,
doch des was i in d' Fingr krieg,
isch alls, bloß kui Scha'nierle.

Babbedeckl, Fußabschtroifer,
Nägl, Schrufa no so krumm,
Biegleise und Dierschnalla,
vu am Oferohr a Drumm.

Schtrohdäscha, Woidekrätte,
Musikschrank, a Isebah,
Muusfalla, Buschla, Krisch'bommkugla, –
alls was i it brucha ka.

Denn – i wett doch bloss mei
Scha'nierle hong, i ho nix gfunde
i dem Gruscht.

Ah!! In dere gschprenklete Schachtl do –
i woiss es no ganz gwis, –
doch anschtatt an am Scha'nierle
neschtet a baar Miis.

Vrflickte Hosa, olte Kittl,
i schtöbre ibral rum,
Ilegsohla, Schtieflziahner,
vu am Scha'nierle it ui Drumm.

Jetzt schla' i no min Grind
an am dicke Balke a,
i gink vor Wuat in Pfoschte
und fluach grad was i ka.

Denn – i wett doch bloss mei
Scha'nierle hong, i ho nix gfunde
i dem Gruscht.

Im Dachbode dia Sucherei
isch elend ibrig gwea,
doch fir dean Schrank wo 's Dierle klemmt,
ho i scho a Blätzle gseah.

Herbst im Moor
Es ist still geworden. Die blassen Gräser, die Birken mit ihren langen Fingern gehören nur dir. Die Schönheit des Verblühens in der die stillen Farben des Lebens ihren Platz haben.

Es riecht nach Schnee

November

Nimm mi mit

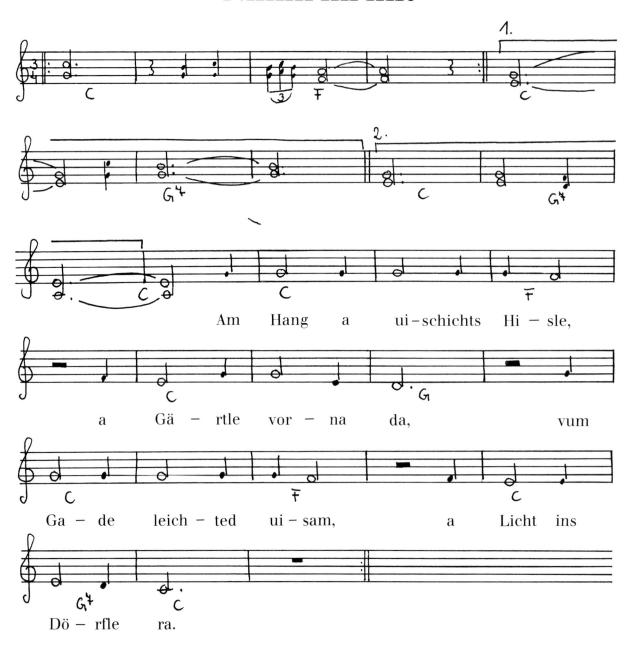

Am Hang a uischichts Hisle,
a Gärtle vorna da,
vum Gade leichted uisam,
a Licht ins Dörfle ra.

Dr Ma isch krank und elend,
so wieß wia Kirchewachs,
dr Dod schpinnt zu sim Schterbekloid
vordussa scho de Flax.

Und a dr Bettschdatt knaued
und briagget schtill a Frau,
se hörd, wia d' Schwälble baued
im erschte Morgegrau.

Und denkt, so junge Schwälble
sind mir amole gsi,
mir hond a Neschtle baue
im helle Sunneschi.

Isch 's Neschtle au am Wettr
und klui gsi, as hots dong,
mir hond im Friede ghused
und guet anond vrschtong.

Wia gnot isch d' Zit vrgange!
Ob Freid, ob Loid, nett gli,
vor lutr Liab hot kuins
ohne diesas kinne si.

Jetzt hoißt as Abschied neahme, –
dös goht dem Wib so näh,
as gilt für Ewigkoita,
drum duet as gar so weh!

Durs Fenschtr schtricht is Gade,
a Lüftle, küehl und lind,
as ob as dena boide
de Wehdag nehme kinnt.

As daged und a Zisle
singt hell in Morge ni,
wia werred doch dia Dägle
in Zuekunft uisam si.

Des Wieb duet zum Vrbarme,
as bettled: Kumm, i bitt',
Laß mi it so alluinig,
i bitt di, nimm mi mit!

Beim Kirchgang

Diaf in mir dinna

's Goldliacht schpieglet gfrore in am Weiher,
am Waldrand hot se d' Zit vrfange.
De Schneeluft loht heid siene Kralla gschpiere,
Wintrdag du hosch mi gfange!
In Erinnerung lauf i mit dir
zwische de Häg und de Schtädl
und hob dei Lied diaf in mir vrgrabe.

Am Brunnen

Winterzauber

Diaf im Herbscht

De Riefe lohts de Bluma gschpiere,
wia 's Bliehe doch so schnell vrgoht,
und de Neabl wia a Schleier
ibr Feald und Wiesa schtoht.

D' Sunne hot ihr Kraft vrlore,
sie spitzlet blaß vom Wolkerand,
und as wandret Schattebildr
oige schtill heid ibr 's Land.

Schtill wird d'Wealt, se goht zum Schlofe,
ibr 's Meer a Schwalbe zieht,
Summrdäg ihr sind vrgange,
wia schnell sind ihr vrblaßt, vrbliaht.

Blättr kennets no it glaube,
daß se gong mend mit em Wind,
Summrliad du bisch vrklunge,
wo doch Däg so schä gwe sind.

Stilles Dorf

Ich friere, Handschuhe, Zeichenpapier, Krähenschreien, dasitzen, spüren.

Einsam

Du hosch Di vrändret

Mir hocked am Disch und luaged is in d' Auge,
doch d' Blick treaffet sich diaf inna dinna numm.
Wänig vu Diem Gschwetz ka i Dir glaube, –
Di Bild des hot dr Alkohol vrzerrt!

Dean Wi, dean ziesch grad ni wia Wassr,
Du vrsuchsch mit Alkohol zum glicklich si.
Er loht Di danze, hot Di fescht in siene Kralla, –
d' Wirklichkoit, dia hot an Schranz bis inna ni.

Vrsuchsch mit Ageh und mit Liage zum vrdecke,
was Du scho alls vrlore hosch.
Bisch zu Zwoit und Du kasch 's numm vrschtecke, –
im Grund bisch Du doch a so allui.

Bisch zwar öftrs scho ve dahui furtgange
um alls zum vrändre um was anderes zum seah, –
au do hosch zu Dir seall numma gfunde,
as hot bloss gholfe dia letscht Schtärke vu Dir z' neah.

I wett so gern wie friehr mit Dir hochschtube kinne –
doch Di Freind hot Diene Gedanke it vrschont.
I wett so gern wie friehr mit Dir lache kinne –
doch Di Lache heid, isch 's Lache wo diaf
i de Fläsche wohnt.

Allgäu

Diaf vrwachse mit deam Fleackle Wealt
ka i so viel Bildr seah, –
vrzellt uf ra Gitarresoite
a Liad zwar blos – und doch viel meh'.

Wenn 's Goldliacht sich im Weiher spiaglet,
Land und See im Dunscht vrsinkt, –
des alls zum gschpiere und verlebe
a Liad in mir zum klinge bringt.

Vrsunke in weisse Wolkebildr
gschpier i a Tröepfle Ewigkoit, –
i hör 'm Wind sei letschtes Liad, –
d'Wealt wird schtill, – hot fir mi Zeit.

Diaf …

Burehof, – scho halb vrfalle,
d'Johr hond di an Bode druckt,
heid nommidag hond s' di vrscherred,
niemand hot's gschtöert, – niemand hot's gjuckt.

Dorf was isch blos us dir worre?
Bisch us diene Fuaga kracht, –
ma hot di vrändret und vrmolet,
bisch blos no fir d'Fremde gmacht.

Diaf …

Liadr in Gedanke gmolet
ve Schtädl, Höef und Huimatland,
des no längr hebe, halte,
liegt so viel in isrer Hand.

Allgäu, olte Weattrdanne,
bohr d'Wurzla i de Fealse ni!
I ka des Wort „Saison" numm höere,
du sollsch doch kui Museum si.

Iisbluma

Dezemberabend

Stiller Winkel

In einer verlassenen Säge versuche ich, das Gewirr von Balken und Brettern
auf ein Blatt Papier zu bringen. Von draußen hört man das Rauschen vom Bach.
Ein verlorener Sonnenstrahl sucht seinen Weg durch eine kleine Luke.
Nach einer halben Stunde fällt alles wieder in eine dämmerige Stimmung.

Licht am Hof

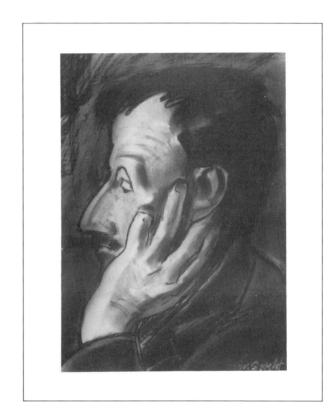

"s ka scho si"

"heit isch des neie Johr vrwacht"

Scheunentor

"Hergottswinkl"

's Johr vrgoht

Am Waldrand bliehed d' Woidekätzle,
ma ka 's denn kaum vrwa'te, –
beim eiegucke denksch fir di,
bald bliaht 's au scho im Gate.

Und wenn as bliaht so afangs Moi
do freisch di scho uf d' Rosa, –
dr Voglgsang der isch so schä,
doch hosch kui Zit zum loose.

Wenn 's Bluma ganze Händ voll git
uf de Wiesa und um 's Hus,
do machet di scho d' Äpfl a,
Beer und d' Haslnuss.

Und dabbesch uf de Schtupfla rum
an schpäte Summrdäg, –
do denksch an d' Zit am Ofe det,
wenn zugschneit Feald und Häg.

Und wenn 's duss kalt und bissig isch
so um de Klosedag,
do wetteschd, daß de Friehling kut,
wenn 's gäng glei uf uin Schlag.

A Johr isch rum und d' Woidekätzle
am Waldrand wettesch seah.
Wiaso jetzt au, wia ka des si?
Isch 's Johr scho wiedr gweah?

Winterblume

Mondnacht

Dia erschte Drei

Dr Erscht isch dr Dokt'r, a grund'-gschie-da Ma, ganz
dia Krankata, dia schier vu selbr vrgond, dia

wir-blig vor lutr schtu-die-re,
ka er am beschte ku-rie-re.

Dr Erscht isch dr Dokt'r, a grund' gschieda Ma,
ganz wirblig vor lutr schtudiere,
dia Krankata, dia schier vu selbr vrgond,
dia ka er am beschte kuriere.

's Apothekerle hoisst ma dr Zwoite drvo',
macht Salba und Pilla, Mixtura,
dia helfet de Lit vu de Krankata schnell,
ganz bsonders de schtarke Natura.

Dr Dritt isch dr Ma vom Kirchhöfle duss,
der g'hert zua de erschte zwoi Herre,
des was dia vrpfuscht und vrkuahwedlet hond,
des muss der vrgrabe – vrscherre.

Verlassen

Auf stillen Wegen

d' Burg

Zwische de Bämm dohind im Wald
schtoht se vrfalle und allui,
mit Moos bewachse grau und kalt,
ibrig bliebe sind blos Schtui.

D'Wurzla vrsuchet ihre Fingr
zwische Maurrescht zum triebe,
d'Zit wird's untr sich begrabe, –
des was do no ibrig bliebe.

Am Bode danzed Schatteblättr
vrschwomme vu de Bosche dicht,
Figura vu de Sunne gmolet, –
ma sieht wie d'Zit vrblasst, vrbricht.

Er isch bei Dir

In jedem Winkl ve de Wealt, do isch Er dahui,
ka groß si wie a Felse und au so klui wie a Schtui,
so kalt wie de Schneeluft regiert Er isa Wealt
und du musch allat gfaßt si, daß Er sich neabe di schtellt.

Und gohts dr amol drecket und bisch elend beianand,
denn bsucht Er di als Freind, nimmt di fescht a' d' Hand
und wenn amole muisch, heid ghört dr dia ganz Welt,
grad denn ka as si, daß Er se nebe di schtellt.

Kräha vrzellets, Si Lied hät allat de gliech Klang,
d'Schtrofa des sind d'Schtunda,
so wird's warte Ihm nia zlang.

Bei jedem Bledsinn isch Er debei, do isch Er zum hong, –
wenn as brenzlig wird, wirsch du als Vrlierer am Abgrund schtong
und hot Er dir ebbs beibrocht, ve dem di numma trenne wit,
Er loht's dir itta gschpiere, Er macht große Schritt.

As git nix was Er brucht und as git nix was Er it hot,
kennt kuin Wert an deam Er hängt, wißt it, was Er demit sott,
Er loht se it blende, bisch arm odr rich,
du kasch numma bliebe, fir Ihn sind all gliech.

Kräha vrzellets, Si Lied hät allat de gliech Klang,
d'Schtrofa des sind d'Schtunda,
so wird's warte Ihm nia zlang.

"Kräha vrzellets"

Winterstille

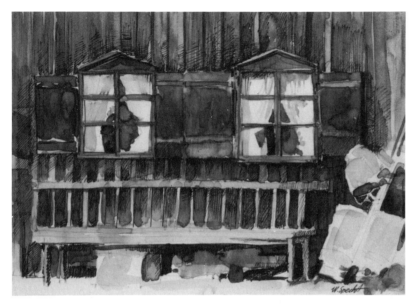

"Sunnebänkle"

"froschtig"

"hinterm Hof"

Winterabend am Weiher

Wintertraum

Für Dich

Hahn

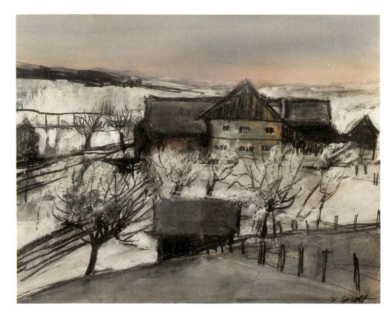

Raureif

Sonniger Wintertag